LE GOUVERNEMENT ET LA CONSTITUTION.

Le 26 octobre.

Bruxelles. — Imprimerie de E. WITTMANN.

LE GOUVERNEMENT

ET LA

CONSTITUTION

LE 26 OCTOBRE

PAR

EUGÈNE DESFARGES

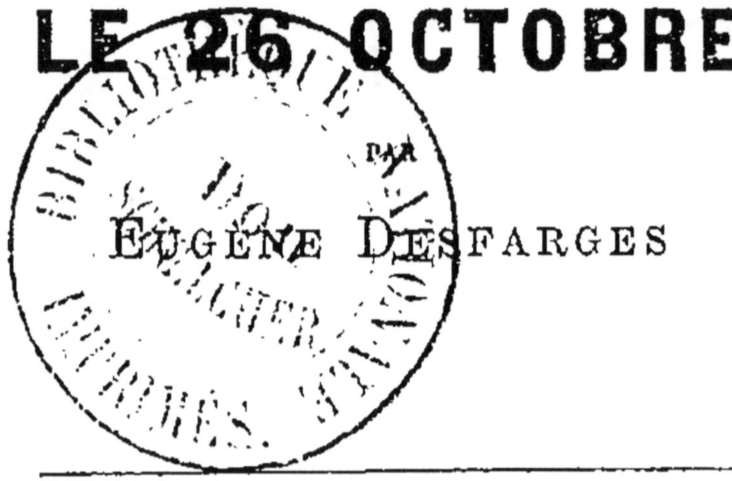

Prix : 50 centimes.

BRUXELLES

EN VENTE CHEZ TOUS LES LIBRAIRES.

—

1869

LE
GOUVERNEMENT

ET LA

CONSTITUTION

LE 26 OCTOBRE

———

CONSTITUTION DE 1852.

« ART. 46.

» Le Président de la République convoque, ajourne, proroge et dissout le Corps législatif. En cas de dissolution, le Président de la République doit en convoquer un nouveau dans le délai de six mois. »

Le 25 avril 1869, date de la dissolution du Corps législatif, par le chef de l'Etat. La Constitution exige qu'en cas de dissolution, le chef de l'Etat en convoque un nouveau dans le délai de six mois. C'est donc le 26 octobre, que doit avoir lieu l'ouverture de la Chambre.

*
* *

Grand émoi ! *Le Journal officiel*, du 3 octobre, nous donne le décret de convocation du Corps législatif, pour le 29 *novembre !* Plus d'un mois après l'ouverture exigée par la Constitution. Le gouvernement se contente de décréter, sans nous dire pourquoi il retarde de plus d'un mois l'ouverture tant désirée de la Chambre. Est-ce la maladie du chef de l'Etat, qui est cause de cette prolongation ? On nous dit au contraire que c'est la femme de l'Empereur qui, ne voulant pas laisser passer une solennité aussi grande sans y assister, aurait fait faire le décret avant de partir pour l'Orient. Elle arrivera le 27 novembre, et assistera à l'ouverture, le 29, si *elle ne préside pas...* N'est-il pas regrettable pour nous, Français, d'être gouvernés par une femme, quand nous pourrions nous gouverner nous-mêmes. La loi salique respectée jusqu'alors, est foulée aux pieds par un gouvernement qui se laisse mener par une étrangère.

* *

Représentants :

La nation, en vous nommant pour la représenter à la Chambre, et vous, en acceptant ce mandat, vous lui avez juré que vous élèveriez la voix, que vous parleriez en son nom, si ses droits étaient méconnus, si ses lois étaient foulées aux pieds, si sa Constitution était violée! Puisqu'elle est violée, réunissez-vous le 26 octobre et protestez. La Constitution étant violée, votre serment n'existe plus devant l'Empire, mais, il existe devant la nation.

*

* *

Le 26 octobre, nous irons sur la place de la Concorde ; nous verrons les représentants *sans peur*; nous verrons si MM. Jules Favre, Jules Simon, Pelletan, Bancel, Raspail, Ferry, Garnier-Pagès, Gambetta, de Kératry, Marion, Girault, Guyot-Montpayroux, etc., se présenteront résolus, aux portes de la salle des séances, et, de quelles armes ils se serviront pour les enfoncer si elles résistent.

Nous connaissons des armes plus sûres que les canons du boulevard Montmartre, plus justes que les fusils de Mentana, et plus meurtrières que les *casse-têtes* de M. Piétri : C'est le droit; c'est la volonté nationale, dont rien ne prévaut contre elle. Elle porte sur son drapeau la devise de nos pères de 89 — qui est aussi la nôtre : Liberté, Égalité, Fraternité.

L'opinion publique attend impatiemment l'échéance du 26 octobre. — Elle attend — elle verra...

Mais, que verrons-nous ce jour-là? sans doute une armée de sergents de ville, armés de *casse-têtes* et de *cannes plombées*; tout prêts à les essayer sur d'honorables citoyens; ou, toute la garnison de la Seine, aux alentours du Palais législatif, qui, à un moment donné, fera une razzia sur la place et dans les rues voisines, et conduira ainsi tous ces curieux. Où? à Mazas et dans les casemates de Bicêtre.

*
* *

Voilà comment se font ces petits coups de main de M. Piétri. Puis ce sera aussi une belle occasion pour lancer des mandats d'amener contre les journalistes, de les enlever comme un *Tropmann* et de les conduire à Mazas en *moins de 12 minutes*.

Et, qu'un de ces citoyens arrêtés illégalement, s'avise de traduire un commissaire de police devant un tribunal pour lui demander réparation de son trop de zèle, vous verrez si pour cela on ne lui donne pas trois mois de prison et de l'amende.

*
* *

Que doit-on respecter maintenant si celui qui nous a *imposé* cette Constitution est le premier à la violer?

Croit-il que l'opinion publique acceptera cet abus de pouvoir comme elle a accepté la Constitution de 1852? Non! d'abord parce que les générations nouvelles n'approuvent pas ce qui a été fait sous *la terreur générale*, et qu'ensuite elles ne veulent pas être à la discrétion d'un pouvoir centralisateur, ni à la merci d'un seul homme !

Ces enfants d'hier, citoyens aujourd'hui, combattants de demain, n'attendent qu'un moment favorable pour se montrer et signifier leur naissance. Ils auront à leur tête des hommes éprouvés, des proscrits du *Deux-Décembre ;* n'ayant d'autre but que de conquérir — la Liberté pour en doter fièrement leur pays.

Mais, hélas ! la mort qui moissonne tout, a passé dans leurs rangs, dans les rangs des exilés et a emporté trop tôt dans ses profondeurs insondables, un grand nombre de ceux qui ont tenu si haut l'étendard de la Liberté.

Leurs noms, emblême de l'histoire, seront toujours respectés, même par leurs ennemis. Quoique morts, ils ne cesseront de nous crier : courage !

Leur voix, dusse-t-elle sortir de la tombe !

*
* *

Exilés, puisque vous pouvez rentrer, pourquoi ne venez-vous pas grossir le nombre des combattants de l'intérieur ? Nous savons bien que vous prenez aussi une part très-active extérieurement.

mais dans l'intérieur vos coups seraient plus sûrs.

Ces coups habilement dirigés portent toujours : soit par la presse, la tribune, les réunions publiques, etc.

Vous serez fiers quand, au milieu de cette jeunesse bouillante et enflammée, vous entendrez dire en vous nommant : Celui-là a été exilé...

*

* *

Nous sommes fiers d'avoir parmi nous quelques proscrits d'hier, tels que Félix Pyat et d'autres, qui se sont aussi dévoués pour la patrie ; ils ont combattu dans les mêmes rangs, tous pour la même cause : la Liberté. Ils ont respiré de cet air pur et vivifiant, dégagé des principes mortels d'aujourd'hui...

L'expérience leur est acquise pour tout entreprendre afin de rendre un pays à lui-même...

L'ambition n'est point chez eux, c'est la conscience humaine qui les pousse à tout faire pour éloigner de la société ces monstres qui ne font que l'abrutir, et ne cessent d'en retarder ses progrès dans la civilisation.

*
* *

Les quatre millions d'électeurs qui se sont si énergiquement prononcés pour des réformes gouvernementales, ne s'en tiendront pas là ; ils seront toujours prêts s'il s'agit de protester : toujours à coups de bulletin, pour arriver au but que nous nous sommes proposé d'atteindre depuis longtemps.

Quelques représentants de la nouvelle Chambre, ont écrit plusieurs lettres de protestation contre la prorogation indéfinie du Corps législatif. Protestations qui n'ont pas empêché de faire le décret du 2 octobre. M. de Kératry est le premier qui a rompu le silence par une lettre énergique. Ensuite MM. Marion, député de l'Isère, Girault, député du Cher, Guyot-Montpayroux, député de la Haute-Loire, enfin M. Raspail, député autant de Paris que de Lyon, vieillard aux cheveux blancs, toujours aussi vert qu'en 1830 et aussi courageux qu'en 1848. Tantôt en prison, tantôt en exil, il a passé ainsi la moitié de sa vie. Nous ne faisons qu'entrevoir le citoyen, nous ne donnons pas sa biographie, de peur de l'amoindrir.

Nous extrayons la fin de sa lettre qu'il a adressée aux électeurs de la Seine :

« C'est assez vous dire que, le 26 octobre, à une heure et demie, qui est l'heure du rendez-vous, je me trouverai à mon poste, aux portes de la salle de nos séances ; fussé-je seul ! »

Voilà une lettre qui se passera de tout commentaire. C'est le citoyen de 1848 qui vient de parler avec le langage qui lui est connu.

« Fussé-je seul » voilà qui est grand et sublime.

*
* *

Le gouvernement, en convoquant le Corps législatif le 15 juillet dernier, espérait-il satisfaire à la loi ? Il n'ose le dire, parce qu'il connaît la réponse de l'opinion publique.

C'était pour jouer la comédie avec nos représentants, et non autre chose. Pourquoi n'a-t-il pas laissé la Chambre achever de se constituer ? Finir la vérification des élections contestées ? Espérait-il qu'en prorogeant la Chambre, les manœuvres des députés *officiels* seraient oubliées par le parti opposé, et, qu'à la nouvelle convocation, les 52 élections qui sont encore à vérifier, seraient validées ensemble et que tout cela passe-

rait comme un éclair? Le gouvernement est par
trop bon. A-t-il oublié que nous avons à la Chambre l'opposition et les irréconciliables, qui n'ou-
blieront pas de porter la parole contre les manœuvres gouvernementales. La gauche ne fera
que son devoir, (elle le sait) en exécutant les
ordres de ses électeurs.

*
* *

Le gouvernement sent encore sa force dans la
poudre du Deux-Décembre; il a toujours la main
sur l'épée. Il veut nous montrer qu'il est toujours
le maître. Ne nous l'a-t-il pas fait voir aux
kiosques du boulevard Montmartre? Ces troubles,
étaient-ils préparés par lui? L'opinion publique a
jugé, et, quand elle juge, son jugement est toujours bon.
Nous ne pouvons croire à un nouveau coup
d'État. Nous en avons eu un très-joli; et nous
doutons maintenant que l'on puisse en faire réus-
sir un *deuxième*. Les grands rôles ont été admi-
rablement remplis par ces acteurs (jusqu'alors
inconnus), leur talent, leur présence d'esprit et
leur courage étaient à toute épreuve. Mais, ces
changements brusques, inattendus où l'on nous a

fait passer, étaient inconnus alors ; puis, la France qui avait reçu le serment de son Président, était loin de supposer qu'il le violerait par des procédés inqualifiables et qu'il s'emparerait de tout le pouvoir d'une nation ; proscrirait ses plus dignes représentants : les Victor Hugo, Louis Blanc, Pyat, Bancel, Quinet, Charras et tant d'autres qui, maintenant, sont morts sur la terre de l'exil ; ceux-là nous les reverrons plus ; mais, leurs noms seront pour nous immortels.

*** * ***

Depuis plus de deux mois que le chef de l'État habite Saint-Cloud, sans sortir de son palais, sous prétexte de maladie, et qu'il reçoit *tous les jours* dans sa chambre le chef des *casseurs de têtes*, nous laisse supposer que ce n'est pas une maladie, car on ne guérit pas à coups de *casse-tête* ; mais bien quelque *grande chose* en vue des quatre élections qui sont encore à faire à Paris ; et surtout pour le 26 octobre !

On nous dit que pour ce jour-là une nouvelle organisation de sergents de ville, — à cheval, sera inaugurée par M. Piétri — et notez bien, ces nouveaux sergents de ville seront armés de *revolvers!* Oui, de revolvers à 6 coups...

Grand Dieu! dans quel siècle vivons-nous!... On ne trouve donc pas que les *casses-têtes* et les *cannes plombées* font assez de victimes. Maintenant on aura des revolvers pour tuer les citoyens — joli — moyen pour la police. Sans exagérer, nous pouvons dire qu'il y aura dix fois plus de victimes qu'avant. Quand un citoyen tombera blessé ou mort, le cuistre qui sera l'auteur de ce crime dira : ce n'est pas lui que je voulais atteindre; ou, on m'a poussé et le coup est parti tout seul...

Avant nous étions un peu sûrs de notre vie; — maintenant nous nous demanderons si nous pourrons seulement nous risquer de sortir sur le trottoir, sans être inquiétés par ces gardiens que nous payons, et qui ne nous gardent pas, qui sont au contraire notre terreur.

Si le gouvernement actuel restait encore dix ans au pouvoir, il est probable que nous aurions le double d'armée et de *sergents de ville;* parce que, comme vous le savez, le gouvernement a construit son monument à l'aide de l'armée et de la police. Ses fondations sont faites des victimes de décembre !...

* *
*

Parlons d'autre chose, laissons ces horreurs de côté. Autre chose plus grave : ce sont les ministres actuels, qui appréhendent l'ouverture du Corps législatif!

L'ouverture est pour eux des « *fourches caudines.* »

Ils ont conseillé à leur auguste maître de prolonger indéfiniment la Chambre.

Mais, voilà que l'opinion publique réclame; mauvaise voisine des ministres qui flageolent sous le poids de leur portefeuille, maintenant devenu si lourd à porter.

La moitié des ministres actuels sont certains qu'aux premières escarmouches, à la Chambre, ils ne pourront y résister... Ils prévoient ce choc, choc inévitable et terrible. Leur sensibilité paralysée empêchera qu'ils ne sentent tomber leur portefeuille de sous leur bras. — En prolongeant la prorogation de la Chambre, se sont-ils dit : nous aurons le plaisir de jouir du titre de ministre et de nous montrer avec notre portefeuille. Les irréconciliables ne nous inquiéteront pas.

Tout n'est pas rose, dans le métier de ministre, surtout quand après deux jours de ministère, on perd son portefeuille. Hum !

LE SPECTRE

NAISSANCE DU SÉNATUS-CONSULTE

Nous sommes heureux de faire connaître à nos lecteurs, le rêve qu'a fait l'Empereur, rêve qui l'a rendu malade et le force de rester à Saint-Cloud.

La scène se passe aux Tuileries, dans la chambre de l'Empereur.

Il est minuit, l'Empereur dort d'un profond sommeil.

On frappe à la porte.

Personne ne répond.

On frappe un deuxième coup.

L'EMPEREUR, *se réveillant, tout bas.*

Mon sommeil est troublé...

On frappe un troisième coup.

L'EMPEREUR *se réveille en sursaut.*

On frappe ici ?

On frappe un quatrième coup.

L'EMPEREUR *descend de son lit, allume une bougie et va à la porte.*

Qui est là ?

Sire, ouvrez, je viens de très-loin pour vous voir, je descends de l'immortalité...

L'EMPEREUR, *tout bas.*

De l'immortalité !

(Et d'une voix forte).

Votre nom ?

Sire, ouvrez, vous me connaissez, je n'ai pas besoin de me nommer.

L'EMPEREUR, *tournant lentement la clef dans*

la serrure, puis ouvre la porte, recule épouvanté, pâle et sans prononcer un mot, court à une petite table où sont déposés deux pistolets.

LE SPECTRE, *effrayant à voir, entre et referme soigneusement la porte. Il porte un drapeau à la main et va droit à l'Empereur.*

Sire, pas d'armes ici...

L'EMPEREUR, *un pistolet à chaque main.*

Que venez-vous me déranger pendant mon sommeil?

LE SPECTRE.

Sire, je vous le dirai tout à l'heure... posez ces armes et asseyez-vous.

L'EMPEREUR, *pâle, tremblant, pose ses pistolets et s'assied sans mot dire.*

LE SPECTRE *s'avance, la lumière l'éclaire en plein, il écarte le linceul qui lui recouvre les épaules et montre sa poitrine percée de 1,200 balles.*

L'EMPEREUR *se cache la figure avec ses mains.*

Oh ! horreur !...

LE SPECTRE.

Sire, me reconnaissez-vous ? Je suis l'âme des 1,200 citoyens assassinés le Deux-Décembre !... Après 18 ans de sommeil, je viens voir si votre conscience ne se repent pas de ce qu'elle a fait, si votre soif de sang est étanchée.

L'EMPEREUR *revenu à lui-même.*

Si tu es mort le Deux-Décembre, c'est que tu avais pris les armes contre mon gouvernement, tu es un traître !... tu devais accepter tout ce que je faisais, tu as résisté, tu as trouvé la mort... Je voulais donner à la France un gouvernement durable, je le lui ai donné, je l'ai sortie du triste état où elle était plongée... je l'aie sauvée.

LE SPECTRE.

Sire, vous raisonnez comme un empereur romain... Vous avez *imposé* à la France une constitution qui l'écrase, vous lui avez retiré tous ses droits, vous lui avez soutiré son sang et son argent pour vos guerres fantastiques de

Crimée, d'Italie, du Mexique!... et d'ailleurs...
. . . .
vous l'avez . . . .
Vous lui avez donné une armée de fonctionnaires
pour élire vos députés . . . .
. . . .
. . . .

(Rêvant.)

Paris, oh ! cher Paris ! que tu as perdu de ta
grandeur. Où est donc ton énergie? . . . . .

(Se tournant vers l'Empereur.)

Sire, qu'avez-vous fait de la liberté de la presse,
de la liberté de réunion, de l'inviolabilité?... Vous
l'avez séquestrée. Et la peine de mort? De cet
échafaud que nous avions renversé et que vous
avez redressé?

L'EMPEREUR, pâle, très-émotionné.

Spectre, tu ne fais que me rappeler ce que je
connais... Je n'ai pas besoin de toi pour me rappeler ce que j'ai fait... Le Deux-Décembre est
pour moi un fait glorieux... J'ai reconquis le trône
de mon oncle ; je le laisserai à ma famille, à mon
fils... je...

LE SPECTRE, déployant son drapeau sur le-

quel est écrit : « Ceux qui trempent leurs mains dans le sang, ne profitent jamais de leur crime (1). »

Sire, croyez-vous que vos descendants règneront longtemps sur ce trône ? . . . .

. . . .

L'EMPEREUR, *terrifié, reprend vivement.*

Oui, ma famille est aimée ; partout où je vais, accompagné de mon fils et de l'Impératrice, nous sommes acclamés par les populations enthousiastes, qui appellent déjà mon fils Napoléon IV.

LE SPECTRE, *ricanant.*

Et les quatre millions d'électeurs qui ont voté pour l'opposition, vous acclament-ils ? Les citoyens envoyés à Mazas, sont-ils enthousiasmés ?...

L'EMPEREUR *se lève, regarde fixement le spectre en tremblant.*

Ces hommes-là sont comme tu étais en 1832 : des ennemis de mon gouvernement...

(1) Louis-Napoléon Bonaparte. — Fort de Ham.

LE SPECTRE, *avant que l'Empereur ait terminé.*

Alors vous allez en faire comme au Deux-Décembre ?

(Il regarde fixement l'Empereur avec deux yeux de feu)

L'EMPEREUR, *toujours tremblant.*

Non, je ne ferai plus de Deux-Décembre, je connais d'autres moyens aussi bons. J'ai des *casse-têtes* qui réussissent merveilleusement mieux que les canons.....

(Le jour apparaît, on entend sonner quatre heures. Retraite du spectre.)

LE SPECTRE, *avec force.*

Sire, si vous recommencez un deuxième Deux-Décembre — je ne serai plus seul pour venir vous rendre visite toutes les nuits... Je viendrais avec une armée de spectres plus terribles que moi... partout nous vous suivrons . . . .
Sire, je retourne d'où je suis venu.

(L'empereur regarde à la fenêtre ; le spectre disparaît).

L'EMPEREUR, *la tête penchée sur sa poitrine.*

O Dieu! quel rêve m'avez-vous fait faire? quel spectre m'avez-vous envoyé! est-ce l'avant-garde de la mort? . . . .
. . . .
. . . .

(Un valet de chambre ayant aperçu de la lumière dans la chambre de l'Empereur, vient frapper à sa porte).

L'EMPEREUR.

Qui est là?

LE VALET DE CHAMBRE,

Le serviteur de Votre Majesté...

L'EMPEREUR.

Qu'on entre...

L'EMPEREUR, *assis dans son fauteuil, la figure pâle comme la mort.*

Que voulez-vous?

LE VALET DE CHAMBRE, *très-ému.*

Mon maître, je venais voir si vous aviez besoin de quelque chose, j'ai vu de la lumière dans votre chambre... et...

L'EMPEREUR.

Allez dire à mon secrétaire de venir à l'instant...

(Le valet sort et revient au bout d'un instant accompagné du secrétaire.)

LE SECRÉTAIRE, *saluant l'Empereur.*

Sire, je suis à vos ordres.

L'EMPEREUR, *vivement.*

Envoyez une dépêche à chacun de mes ministres et à M. Piétri pour les informer que j'ai des réformes à faire dans la Constitution, — un sénatus-consulte à rédiger.

LE SECRÉTAIRE, *un peu ému.*

Sire, à l'instant.

(L'Empereur, pâle, descend dans son jardin réservé; se promène un peu; — il sent en

lui un malaise général... fait atteler sa voiture et va à Saint-Cloud, avec une maladie incurable...)

Heureux spectre ! C'est à toi que les 116 doivent leur sénatus-consulte — et maintenant les Parisiens peuvent dormir tranquillement ; ils n'auront plus de *Deux-Décembre*. L'Empereur l'a promis.

Au 26 octobre !

EUGÈNE DESEARGES.

7 octobre 1869.